LA CEREMONIA DE INICIACIÓN

LA
CEREMONIA
DE INICIACIÓN

W. L. Wilmshurst

MASONICA

LA
CEREMONIA
DE
INICIACIÓN

Análisis y comentarios

W. L. Wilmshurst

SERIE ROJA
[AUTORES CONTEMPORÁNEOS]

MASONICA

Ediciones del Arte Real

La ceremonia de Iniciación.
Análisis y comentarios

W. L. WILMSHURST

Título original:

The Ceremony of Initiation.
Analysis and Commentary

Traducción de
Ignacio Méndez-Trelles Díaz

Diseño y maquetación:
ЕЯА | ALTA RESOLUCIÓN EDITORIAL

Ilustración de cubierta:
Id. Shutterstock: 172368617

Editorial MASONICA®
SERIE ROJA (Autores contemporáneos)
www.masonica.es

© 2024 Editorial MASONICA

EntreAcacias, S.L.
[Sociedad editora]
c/Covadonga, 8
33002 Oviedo - Asturias (España)
info@masonica.es | pedidos@masonica.es

1ª edición: febrero, 2024

ISBN: 978-84-19985-44-6
Depósito Legal: AS 00180-2024

Impreso por Podiprint
Impreso en España

«Cósmicamente, toda vida humana comienza su búsqueda de la Luz y la Verdad en un estado de oscuridad como nuestra naturaleza, nuestro propósito y destino».

W. L. WILMSHURST

PARTE II

INTRODUCCIÓN

I

Estas notas pretenden ser un Manual de Instrucción para el beneficio de los masones que han tomado recientemente su Primer Grado, y para el de otros Hermanos que deseen comprender el propósito y el significado de la Ceremonia de Iniciación. Tratan de indicar la razón de la existencia del sistema masónico, de descorrer el velo de alegoría y simbolismo en que está revestida la Ceremonia de Iniciación, y de revelar su espíritu y significado subsuperficial.

La Ceremonia de Primer Grado utilizada en la recepción de un Candidato en el Oficio está diseñada para introducirlo en la primera etapa de un sistema de conocimiento y autodisciplina que, si se sigue fielmente y se vive en su vida personal, aclarará y transformará su mente de su estado natural de oscuridad a uno de Luz, es decir, una conciencia espiritual de visión clara expandida que se eleva mucho más allá y existe independientemente de las percepciones de los sentidos naturales. Por lo tanto, se le denomina Ceremonia de Iniciación, por su deseo de ir hacia el interior, es decir, más allá de las superficies meramente materiales de las cosas, y porque está destinada a marcar el comienzo (*initium*) de un nuevo orden de vida y conciencia personales. También podría llamarse de Regeneración o Renacimiento; de hecho, su paralelo en religión es el sacramento del Bautismo, que es el incidente inicial de la vida religiosa y se realiza en el extremo Oeste de una Iglesia, al igual que un Candidato masónico entra en la Logia y comienza su carrera masónica en el simbólico Oeste. Es una ceremonia provista para dar una respuesta a lo que el Candidato profesa ser el deseo predominante de su corazón, un deseo bien expresado por probablemente la oración más antigua del mundo, que todavía es usada diariamente por millones de nuestros semejantes en el Este:

¡De lo irreal llévame a lo Real;
De la oscuridad llévame a la Luz;
De lo mortal llévame a la Inmortalidad!

La presencia o ausencia de esta aspiración en un Candidato debe ser la prueba de su aptitud para la Iniciación. Cualquier motivo menos exaltado para buscar la Iniciación se aleja de la verdadera intención. La actitud del Candidato debe ser la de una expectativa inteligente y definida del bien espiritual que le llegará, y de una aspiración positiva y hambre de corazón por ello; igualmente, no debe ser por ninguna ventaja material o social, ni un estado meramente negativo de curiosidad o incertidumbre en cuanto a lo que se puede encontrar en el Arte.

II

Para todo Candidato, la Ceremonia de Iniciación implica que, sean cuales fueren s u s conocimientos académicos o científicos, sus ideas filosóficas o su credo religioso, antes de la Iniciación le queda algo más –de hecho, mucho más– por aprender y a lo que el Arte puede ayudarle a llegar. Esto no significa que necesariamente descubrirá que sus convicciones previas son falsas; por el contrario, en la medida en que sean verdaderas, encontrará abundante confirmación y ampliación de ellas, y en la medida en que sean erróneas o imperfectas, aprenderá a modificarlas. Significa que debe estar preparado para descubrir que algunas de sus ideas más arraigadas son apreciaciones de la Verdad tan parciales y limitadas que obstruyen la visión más amplia que podría tener, y que cuanto más tenazmente se aferre a ellas, más estará bloqueando su propia luz. Si, por lo tanto, quiere beneficiarse de la Luz a la que le conduce el Arte, debe estar preparado para mantener su mente abierta y fluida y para hacer la auto-entrega mental que la ocasión justifique. Todos tendemos a sentirnos tan seguros de nosotros mismos, tan sabios en nuestros propios conceptos, y con demasiada frecuencia no somos conscientes de que tenemos mucho que desaprender antes de que podamos llegar a ser verdaderamente enseñables. Pero desde los primeros tiempos se ha llamado «niño» al Candidato a la Iniciación y se le ha enseñado a considerarse como tal.

Por consiguiente, el despojamiento de la persona del Candidato antes de la Ceremonia es un símbolo de la desnudez mental que se le exige, mientras que su auto-abandono para ser llevado adondequiera que se le conduzca y para hacer todo lo que se le diga, indica la mansedumbre y docilidad con que su mente debe seguir la Verdad adondequiera que le conduzca, incluso a lugares aparentemente peligrosos y entre ideas no reconocidas por las convenciones y ortodoxias del mundo exterior. Porque la verdadera Iniciación implica una aventura espiritual, un viaje de la mente, no hacia lo incognoscible, sino hacia lo que el Candidato nunca ha conocido o experimentado; y conduce a regiones donde viaja más lejos quien lleva menos cargas, donde adquiere más quien se despoja más de sí mismo, y donde los realmente hambrientos se llenan cada vez más de cosas buenas de las que los intelectualmente rígidos y los ricos en conocimientos convencionales quedan automáticamente excluidos. Para los de mente única. La sabiduría tiene formas de revelarse que los eruditos no comprenden.

El cambio y reajuste mental no es, por supuesto, un proceso repentino, sino gradual. No se pide a ningún Candidato que se violente a sí mismo de forma indebida o demasiado repentina, sino que se adapte gradualmente a las nuevas condiciones y se transforme mediante una renovación lenta pero constante de su mente y su perspectiva. Vean cómo esto se evidencia en su progresivo desvestirse a medida que pasa de Grado en Grado. En el primero sólo se descubren ciertas partes de su persona; en el segundo, sólo otras partes complementarias. No es hasta el Tercer Grado que la desnudez es máxima. Se supone que para entonces ya está acostumbrado a entregarse y es más capaz de hacer el mayor sacrificio que implica ese sublime Grado.

III

Pasemos ahora a la Ceremonia propiamente dicha. Hasta aproximadamente el año 1700, no existían rituales formalmente compilados. El funcionamiento se transmitía oralmente. No había tal cosa como una forma memorizada repetida mecánicamente con tal perfección de palabras y elocución digna como pudiera ser, sino un pronunciamiento extemporáneo de poder real y eficacia espiritual, realizado por un Maestro que poseía una comprensión completa de lo que hacía, y capaz de adaptar o ampliar la ceremonia de acuerdo con la cultura, inteligencia y probables requerimientos de un Candidato adecuadamente preparado. La forma real de las palabras empleadas era (y sigue siendo siempre) el elemento menos importante de la Ceremonia. Lo que tiene una consecuencia mucho mayor es la capacidad del Iniciador, y de aquellos que cooperan con él, para infundir tal fervor espiritual e impulso emocional que lo que se hace y se dice sobre el Candidato penetre en su corazón y en su mente, y despierte ciertas verdades en su alma, resultado que requiere, como primera condición, que el Candidato sea una persona apta y preparada adecuadamente para ello.

Incluso hoy en día, las constituciones masónicas irlandesas y muchas continentales no trabajan con un ritual establecido. Ciertos hitos tradicionales y usos ancestrales se observan de manera uniforme, pero para el resto (por ejemplo, los diversos cargos, explicaciones y encargos) la redacción de la Ceremonia se deja a la inspiración y la emoción del momento.

El ritual que, con ligeras variaciones locales, se ha hecho tradicional entre nosotros, incorpora todas estas marcas y usos locales, y ha sido compilado con una habilidad y sabiduría extraordinarias y, de hecho, inspiradas. Tratarlo superficialmente, o considerarlo como una composición que hay que memorizar «sin parar», es perderse el sentido y la belleza de una compilación muy compleja y completa. Su análisis muestra que está compuesta por catorce «movimientos» o episodios distintos, en dos series de siete cada una.

La primera serie se asocia con el estado de oscuridad del Candidato; es una serie ascendente o crescendo que se eleva, como una ola emocional, hasta un clímax en el momento de su restauración simbólica a la Luz. La segunda serie está asociada con el estado de Luz al que ha sido elevado; es una serie descendente o disminuyente que trata de asuntos consecuentes a su logro de la Luz; la ola emocional, por así decirlo, muere gradualmente, pero dejando al Candidato inundado de nuevas percepciones y estimulado por una influencia aceleradora como nunca antes había conocido y que probablemente le llevará algún tiempo asimilar.

La secuencia de estos episodios es la siguiente, que indica la gran variedad de ideas que se han comprimido en una breve Ceremonia:

ESTADO DE OSCURIDAD

1. La admisión en la Logia.
2. La Oración de Dedicación.
3. El viaje místico (o la Deambulación).
4. Las Declaraciones de Libertad, Motivo y Perseverancia.
5. El avance de Oeste a Este.
6. La Obligación.
7. La restauración a la Luz.

ESTADO DE LUZ

8. La revelación de las Luces Mayores y Menores.
9. La comunicación de los Secretos.
10. Las pruebas de los Vigilantes.
11. La investidura con el Mandil.

12. La instrucción en el N.E.

13. La instrucción en las herramientas de Trabajo.

14. La instrucción con el Cuadro de Logia.

Cada uno de estos catorce puntos da pie a prolongadas reflexiones y comentarios, pero en estas notas sólo pueden hacerse breves observaciones sobre cada uno de ellos sucesivamente.

La separación de la Ceremonia en dos subdivisiones principales, el «estado de Tinieblas» y el «estado de Luz», tiene un gran alcance; en primer lugar, para la verdad cósmica y en relación con la vida humana en general; en segundo lugar, históricamente y en correspondencia con los Antiguos Misterios.

Cósmicamente, toda vida humana comienza su búsqueda de la Luz y la Verdad en un estado de oscuridad como nuestra naturaleza, nuestro propósito y destino. Nacemos, por así decirlo, ciegos o engañados al respecto; como enseñaban los Antiguos, todos hemos bebido la copa de Leteo y el agua del olvido antes de descender al nacimiento en la carne. Nuestra búsqueda, por lo tanto, al comienzo de nuestra carrera terrena debe ser necesariamente oscura, una mera búsqueda a tientas de no sabemos qué, hasta que los dolores, las penas y las desilusiones de la existencia nos despierten al hecho de que estamos desperdiciando nuestra sustancia entre sombras e inutilidades, y que puede haber algo más elevado y mejor que valga la pena buscar. Esta condición preliminar de la mente y del alma fue comparada por los Iniciados a un lugar que llamaron «la Sala de la Ignorancia» o «la Sala de la Verdad en la Oscuridad», en la que buscamos a tientas una Luz y una Sabiduría que están en todo momento a nuestro alrededor, pero que no podemos encontrar porque nuestras facultades están todavía selladas para percibirlas.

Más tarde, cuando la experiencia ha hecho que un hombre se aparte a disgusto de los intereses exteriores para buscar cosas mejores, se inicia en la ciencia de ellas, y se dice que ha entrado en el «Salón del Aprendizaje» o en el «Salón de la Verdad en la Luz», pues para entonces ya no anda ignorantemente a tientas en la oscuridad, sino que se ha vuelto actuado por una resolución definida e iluminada de encontrar la Realidad detrás de las sombras.

Estas dos condiciones, la de buscar a tientas, ignorantemente y con los ojos cegados, la Realidad que hay detrás de la existencia temporal, y la de buscarla inteligentemente y con los ojos abiertos del Iniciado, son las que se reproducen en las dos subdivisiones de nuestra Ceremonia de Primer Grado. Queda una tercera condición, pero para el novicio está todavía muy lejos y, por lo tanto, está fuera del alcance de nuestra presente investigación; su logro se describe como entrar en la «Sala de la Sabiduría», que sólo es posible para los Maestros Masones que han pasado más allá de las dos «Salas» anteriores, y cuya búsqueda ha sido recompensada con el hallazgo de los secretos últimos de la vida. Sin embargo, antes de la Ceremonia propiamente dicha, existe una rutina preliminar y muy necesaria: la debida Preparación del Candidato, sobre la que debemos hacer algunas observaciones antes de comentar los catorce puntos de la Ceremonia propiamente dicha.

En cuanto a las fuentes de la Ceremonia, esta (al igual que el discurso ofrecido al A.E. y la explicación del Cuadro de Logia proporcionada para interpretarlo) es una mezcla de varias corrientes de influencia. La principal de ellas es el método tradicional –usualmente llamado «Doctrina Secreta»– común a todos los Misterios Antiguos y sistemas de Iniciación desde los albores de la historia; un método y doctrina siempre mantenidos en reserva del conocimiento de las masas del pueblo, constituyendo «carne» más fuerte e impartiendo verdades más profundas que la instrucción más simple, o «leche», proporcionada al público en general por la educación corriente y las instituciones religiosas de un tiempo o lugar dado. Como es bien sabido por los estudiantes de la historia de la religión, detrás de la doctrina exotérica de cada Gran Maestro o fundador religioso, siempre ha existido una contraparte esotérica de la misma para los discípulos avanzados.

Combinados con elementos de esta antigua sabiduría esotérica hay elementos de sistemas afines más recientes, como el hermetismo, la cábala hebrea y el rosacrucismo, así como supervivencias de la masonería gremial medieval, mientras que las Sagradas Escrituras que han servido para alimentar la vida religiosa de Occidente se entremezclan con todos ellos y actúan como una «Gran Luz» unificadora y explicativa.

En consecuencia, encontramos que nuestro ritual masónico, como el vástago de estas fuentes, utiliza continuamente el lenguaje de sus padres, hablando ahora en los términos o símbolos de uno y ahora en los de otro de ellos; y se hace evidente que todas estas fuentes han sido administradores de los mismos Misterios, que proclaman la misma verdad y significan la misma cosa, y pueden ser constantemente cruzadas y encontradas para ser mutuamente interpretativas.

Tomemos uno de los muchos ejemplos posibles: la preparación del candidato. El Arte requiere que todo Candidato a la Iniciación venga «debidamente preparado». En religión esto es paralelo a la Iglesia que requiere que sus neófitos estén «preparados» para la Confirmación hacia una realización más plena de la vida espiritual. Y cada sistema de Iniciación antiguo y moderno lo ha requerido; de hecho la preparación insistida en una antigüedad y en Órdenes secretas más avanzadas que el Oficio, era, y todavía es, de un carácter extremadamente intensivo. Pero el punto a destacar aquí es que, para aquellos que realmente desean la Luz, una orientación preliminar de la voluntad, el corazón y la mente es indispensable para que su deseo se cumpla, y «¡Preparad el camino del Señor!» es la confirmación bíblica de lo que los Antiguos Misterios requerían y lo que el Oficio todavía inculca. Y cuando, entre nosotros, el Maestro de la Logia envía a su Diácono a preparar al Candidato para su recepción, ¿no sigue haciéndose eco y dando un valor personal a palabras de aplicación impersonal y cósmica. «He aquí que yo envío a mi mensajero para que prepare el camino delante de mí»?

IV

La preparación mental del Candidato debe haber estado procediendo por un tiempo considerable antes de que la Ceremonia sea conferida. Puede ser ayudado considerablemente por sus padrinos masónicos sobre quienes descansa la responsabilidad de responder por su aptitud para la Iniciación, y quienes en conversaciones privadas pueden adumbrarle una amplia idea de lo que está involucrado, y asegurarse de su respuesta comprensiva a ello.

En cuanto a la preparación simbólica de su persona externa, en las logias continentales se le presta mucha más atención de lo que es habitual entre nosotros. Se le lleva a una tranquila antecámara y allí se le deja solo durante algún tiempo para que componga su mente y se leen algunas frases que le advierten de la solemnidad de su proyecto y de la conveniencia de proceder con él con un espíritu de mansedumbre y confianza o de retirarse de él mientras aún haya tiempo.

Tras un intervalo, el diácono le entrevista y le pregunta su decisión. Si desea continuar, se le pide que responda brevemente a algunas preguntas como las siguientes: (1) ¿Cuál es su opinión sobre el propósito de la vida humana y la naturaleza del destino humano? (2) ¿Cuál es su objetivo al solicitar ser iniciado? (3) ¿Qué puede esperar el Arte de usted a cambio de lo que usted espera recibir de él? Se le deja que escriba sus respuestas, que luego se llevan a la Logia y se someten a la aprobación del Maestro, quien declara si son satisfactorias, en cuyo caso sólo se procede a la votación. Una vez elegido, el Diácono es enviado a saludar al Candidato e invitarle a entregar sus metales y dinero. Después de lo cual se procede a la preparación formal de su persona como en nuestro caso; esto se hace con solemnidad, y el Diácono explica brevemente la razón de cada acto de preparación.

Sería bueno que se siguiera siempre esta práctica o una aproximación a ella. En cualquier caso, es muy importante que el Diácono lleve a cabo debidamente sus ministraciones, a fin de crear las condiciones mentales más favorables para el Candidato antes de que entre en Logia. (El valor simbólico del trabajo del Diácono se explica en nuestro Documento de Logia N.º 4, y es en el espíritu de esa explicación como debe desempeñar sus funciones).

Si es esencial que el Candidato entre en la Logia debidamente preparado, es igualmente importante que los que esperan para recibirle e iniciarle estén preparados de corazón e intención para hacerlo. Incluso la atmósfera del Templo debe ser preparada haciéndola pacífica y libre de conmoción. El M.M. puede asegurar esto disfrutando de completo silencio durante el intervalo que precede a la entrada del Candidato e invitando a los Hermanos a reflexionar sobre la naturaleza del trabajo en cuestión y a unirse con él en ferviente aspiración de que ese trabajo pueda ser espiritualmente eficaz.

Los Hermanos no oficiantes presentes no deben ser meros espectadores de la Ceremonia. Toda la Logia, y no sólo los oficiales en funciones, debe participar en el misterio. Es grande el poder del pensamiento y la intención concentrados y unidos para impresionar la mentalidad de un Candidato y despertarlo a percepciones nuevas y espirituales; y para este fin el trabajo hablado del Maestro y los Oficiales activamente involucrados puede ser ayudado en gran medida por la cooperación mental silenciosa de los Hermanos no oficiantes.

PARTE I

1. La Admisión

Desde el lugar de preparación, el Candidato es conducido a la puerta de la Logia. La encuentra cerrada. Se «encuentra con oposición» (como dice el discurso ofrecido al A.E.) y no puede ser admitido si no es de la manera prescrita.

En otras palabras, al pasar del mundo exterior al interior, su primer descubrimiento es encontrar su camino bloqueado por una barrera intermedia. ¿Qué es esa barrera? ¿Qué simboliza la puerta de la Logia?

Obviamente, simboliza algún elemento obstructivo en sí mismo. Se le hace reconocer que cualquier oposición a su propio avance espiritual proviene de su interior y debe ser superada por sus propios esfuerzos. De ahí que se requiera que el Candidato dé los golpes necesarios él mismo; nadie debe darlos por él.

En el discurso ofrecido al A.E. se declara expresamente que el significado de este episodio es subjetivo y místico. Se afirma que los golpes pueden interpretarse a la luz de la instrucción bíblica: «Pedid y se os dará; buscad y hallaréis; llamad y se os abrirá». Esta triple dirección, obsérvese, no sólo se corresponde con los triples golpes, sino también con las triples facultades del Candidato mismo. Debe «pedir» con las aspiraciones orantes de su corazón; debe «buscar» con las actividades intelectuales de su mente; debe «llamar» con la fuerza de sus energías corporales. El que espera encontrar la Luz interior debe dedicar todo su ser a la búsqueda; exige y compromete la atención de todo el hombre.

¡Qué fiel a la vida y a la psicología es esta oposición simbólica a la puerta de la Logia! Todos erigimos nuestras barreras mentales. Los métodos de pensamiento habituales, los prejuicios, las ideas preconcebidas y las «ideas fijas» a las que nos entregamos en el curso de la vida en el mundo exterior, se convierten en obstrucciones para la percepción de las cosas del mundo interior. Crean depósitos mentales que se condensan y endurecen, hasta que oscurecen la visión más amplia, profunda y clara que podríamos tener si no fuera por las propias limitaciones creadas por nosotros mismos. Erigimos y atamos nuestra propia puerta contra nosotros mismos y bloqueamos nuestra propia luz, y finalmente al tratar de volvernos hacia la Luz nos encontramos confrontados por la oscuridad y la oposición de nuestra propia creación. Y son justamente estas barreras las que deben ser derribadas por nuestros propios esfuerzos y la fuerza de nuestros propios y persistentes «golpes».

Para «golpes» puede ser útil pensar en un término más moderno: vibraciones. Como es bien sabido, las vibraciones persistentes en una dirección determinada acaban por romper todo lo que se les opone, ya sea físico o mental. Las vibraciones de la fe derriban montañas. Las vibraciones de la energía intelectual resuelven los problemas. Las vibraciones de emoción penetran en el corazón de los demás. Las vibraciones de aspiración espiritual penetran en los mundos superiores y abren puertas hacia ellos. Y todo esto es significado por el simple incidente del Candidato encontrando oposición en la puerta de la

Logia y ganando la admisión como resultado de sus propios golpes simbólicos.

2. La Oración de Dedicación

El acto inicial de la Ceremonia es apropiadamente una oración de los Hermanos reunidos (1) para que el Candidato (que ya ha sido elegido miembro formal del Oficio) pueda ahora incorporarse espiritualmente a la Gran Hermandad, y (2) para que sea dotado con tal influjo de sabiduría que, en virtud de esa incorporación, le dé un poder creciente para manifestar la belleza de la santidad.

La brevedad y sencillez de esta oración pueden ocultar sus profundas implicaciones. Observe (por las tres palabras que acabamos de subrayar) que contiene la primera referencia discreta a esa trinidad de Sabiduría, Fuerza y Belleza de la que el Candidato oirá hablar más adelante, y de la que se ruega que se convierta en una manifestación viva.

Nótese también que en la oración no se hace referencia a la moralidad de las virtudes meramente éticas; se invoca algo mucho más elevado que éstas: el don del Espíritu; se da una nota clave destinada a regir el tono tanto de la Ceremonia como de toda la vida posterior del Candidato.

Obsérvese, también, que no es una oración del Candidato (a quien sólo se le pide que «se arrodille y escuche»), sino una oración para él y para el propio Cuerpo; es una oración para que la eficacia espiritual de toda la Fraternidad aumente con este nuevo miembro. Cada Hermano presente, por lo tanto, debe unirse con el Capellán en una fuerte tensión de aspiración para que la oración pueda realizarse en los intereses conjuntos de la Fraternidad y de su nuevo miembro. Más tarde, este último deberá hacer suya la oración, recordando a lo largo de su vida que una vez fue ofrecida sobre él en su oscuridad e impotencia en nombre de todo el Cuerpo, y que le corresponde a él mismo justificar cada vez más la invocación entonces tan solemnemente hecha en su nombre.

3. La Deambulación o Viaje Místico

A continuación sigue la Deambulación. Pero esto va precedido de una pregunta al Candidato: «¿Dónde deposita su confianza en circunstancias de peligro y dificultad?». Es obvio que está a punto de exponerse a circunstancias de esa índole y, por lo tanto, la pregunta se formula para determinar si se le debe permitir exponerse a ellas o no. La respuesta a la pregunta debe ser siempre la suya propia y debe brotar espontáneamente de su mente y de sus labios; incitarle con una respuesta desvirtúa la realidad de la Ceremonia y le incita a dar una respuesta que puede ser poco sincera. La Ceremonia implica que si no puede dar voluntariamente la respuesta adecuada a la pregunta, no es apto para la Iniciación y debe ser conducido fuera de la Logia. Si, por el contrario, responde satisfactoriamente, bien; la Ceremonia puede continuar y será una prueba de la profesión de fe del Candidato.

¿Cuáles son los peligros y dificultades a los que se expone? En nuestra Ceremonia son, por supuesto, meramente teóricos y simbólicos. Pero en los Ritos de Iniciación de los Antiguos Misterios (de los que los nuestros son un débil eco) eran extremadamente exigentes, realistas y aterradores, y ponían al Candidato a duras pruebas de estabilidad mental y aptitud moral. Pueden leerse más detalladamente en la literatura sobre el tema, de la que se deduce cuán esencial era que un Candidato a la Iniciación en los secretos y misterios de su propio ser poseyera no sólo una fe y un centro moral estables, sino también una mente sana en un cuerpo sano. De lo contrario, tanto los Iniciadores como el Candidato debían asumir una grave responsabilidad y se corría el riesgo de dañar la razón de este último si se permitía a una persona no apta «precipitarse» hacia experiencias para las que no era apta.

De ahí que todavía se pida al Candidato que haga una declaración pública de fe y que pase revista ante la Logia antes de que se proceda a la Ceremonia, para que sus Iniciadores puedan estar seguros de su aptitud.

Esta es la primera razón de la Deambulación ceremonial. Pero hay otra, de igual importancia. El viaje alrededor de la Logia es una representación simbólica de los propios viajes del Candidato en este mundo antes de solicitar la Iniciación en el mundo interior. Los peligros y dificultades a los que se hace referencia son las vicisitudes encontradas en su propia Odisea personal; de hecho, los vagabundeos y golpes de Odiseo son una antigua alegoría poética de estas experiencias, de carácter similar a la parábola de la carrera del Hijo Pródigo antes de que «volviera en sí» y encontrara el verdadero camino.

Debemos observar dos detalles dignos de mención en relación con este viaje simbólico. El primero es que, aunque él mismo se encuentra en un estado de oscuridad, no está solo, sino que tiene con él un guía iluminado. Además, está rodeado por una nube de testigos ansiosos de que progrese espiritualmente y vuelva a la luz. El significado de este detalle es que cada viajero a través de la vida tiene dentro de sí su propio guía invisible y que las luchas ascendentes de su alma son observadas por muchos vigilantes invisibles.

La segunda es que, en el curso de su viaje simbólico, se dirige sucesivamente a cada uno de los guardianes, a los que, mediante un gesto particular, como si los despertara del silencio y los incitara a hablar. El gesto en sí es, de hecho, una repetición de los golpes dados anteriormente a la puerta de la Logia. Pero mientras que esos golpes se dirigían primero a un material inerte (la puerta), ahora se aplican a un ser vivo (el Vigilante). ¿Qué implica esto? Significa que en nuestros esfuerzos por alejarnos del mundo exterior y penetrar en la Luz del interior, no sólo vencemos nuestra propia oposición, sino que despertamos y estimulamos la actividad de ciertas energías vivas, hasta entonces dormidas, dentro de nosotros mismos.

Más adelante, el Candidato sabrá más de esas energías latentes en él. Baste por el momento saber que su deseo de Luz despierta dentro de sí potencias reales pero aún adormecidas, que a partir de ahora se estimularán y promoverán su avance espiritual. En cada uno de nosotros residen ciertos principios latentes (representados por los dos Vigilantes), más elevados de lo que la razón humana normal e ignorante conoce. Estos principios espirituales latentes en el hombre, simbolizados por los Vigilantes, se mencionan frecuentemente en el V.L.S., Por ejemplo: «Sobre tus muros he puesto centinelas que no callarán ni de día ni de noche» (Is. 62, 8); «Si el Señor no guarda la ciudad, en vano se despierta el centinela» (Sal. 127, 1).]; es a éstos a los que es posible provocar a la actividad, y que, entonces despertados, ya no bloquean nuestro paso, sino que aceleran al hombre en su camino con, por así decirlo, el saludo místico: «¡Pasa, buenos informes!».

La expresión «buenos informes» es una manera moderna de un título místico muy antiguo concedido al Candidato. Significa mucho más que «buena reputación» en el sentido popular de la expresión. Implica que la naturaleza del Candidato está animada por la sinceridad espiritual, que suena verdadera como una moneda y que emite una nota convincente cuando habla. «Verdadero de voz» era la forma egipcia de «buenos informes», y es por esta razón que, al acercarse a cada Vigilante, se pide a nuestros Candidatos actuales que emitan su propia nota para que el Vigilante pueda determinar si realmente son «verdaderos de voz» y están cualificados para ser transmitidos.

«Di algo para que pueda verte», dijo Sócrates a un joven tímido que buscaba su instrucción, porque el habla de un hombre lo delata al oído sensible, que es capaz de juzgar la sinceridad y el estado espiritual del orador. De ahí que se exija al Candidato que haga oír su propia voz a los Vigilantes.

4. Las profesiones de la libertad, el motivo y la perseverancia

Después de que ambos Vigilantes se hayan asegurado de la aptitud del Candidato para ascender a Oriente, se certifica y se presenta al Maestro para su Iniciación. Pero antes de que el Maestro lo acepte, el Candidato debe comprometerse a cumplir tres requisitos:

1) Que busque la Luz voluntariamente, por sí misma, y por ningún motivo indigno o material.

2) Que sus objetivos al buscarlo son dos: (1) el conocimiento para sí mismo, y (2) el deseo de hacer, en virtud de ese conocimiento, un servicio más amplio a la humanidad.

3) Que perseverará en el camino que está a punto de serle revelado; (lo que significa perseverancia no sólo a través de la Ceremonia formal, sino persiguiendo a lo largo de su vida diaria posterior todo lo que esa Ceremonia tipifica).

Es importante que también estas preguntas se respondan espontáneamente y sin incitación. En efecto, se trata de compromisos personales concretos y de gran alcance, a los que nadie debe comprometerse a la ligera o bajo persuasión.

Especialmente digna de mención es la segunda promesa: que el conocimiento superior que adquiera lo empleará en el servicio humano. Ahora bien, nadie puede servir verdaderamente a la humanidad hasta que sepa cómo hacerlo; hoy en día se despliega una gran cantidad de actividad que pasa por el nombre de servicio, pero no es un servicio iluminado o santificado como el que se entiende en el Arte; por lo tanto, se menciona en primer lugar la adquisición de conocimientos especiales, para que el Candidato pueda aprender a servir real y eficazmente; pero, una vez adquiridos, esos conocimientos no han de ser para fines egoístas, sino para ponerlos al servicio desinteresado de la raza. La iluminación de la Iniciación no debe ser sólo para su beneficio privado; debe llegar a ser de importancia para el bien general y una confianza en él. Todo verdadero Iniciado, por el mero hecho de su iluminación, se convierte en sal y condimento para un mundo corruptor; de ahí que se le pida que no oculte su luz, sino que la utilice y la haga brillar ante los hombres para que vean en él un ejemplo digno de ser seguido.

El servicio, en efecto, es y siempre ha sido el motivo ulterior de los Misterios; pero hay muchas formas de él y el servicio puede prestarse de maneras muy distintas y más elevadas que la actividad altruista ordinaria. El Candidato aprenderá más sobre esto más adelante. Pero que nunca olvide que, en el umbral de su vida masónica, se comprometió a convertirse en un servidor de la humanidad...

5. El avance de Oeste a Este

Se trata de un pequeño episodio, pero de gran trascendencia.

El Candidato acaba de realizar un simbólico viaje odiseico alrededor de la Logia, que ejemplifica su periplo vital desde que nació en este mundo (el «Oeste»). Durante su carrera ha pasado a ciegas, pero nunca sin una guía invisible, a través de regiones y experiencias a veces de oscuridad (el «Norte»), a veces de menor o mayor iluminación (el

«Sur», el «Oeste» y el «Este»), pero ignorando por completo hacia dónde se dirigía o cuál era el propósito de su vida, o si en un momento dado estaba cerca o lejos de su verdadero objetivo. ¿Acaso este viaje simbólico no es propio de la vida humana? Hasta que no se abran los ojos a todo el plan, ¿quién podrá decir si tal o cual acontecimiento de nuestra experiencia vital personal nos acercó o nos alejó de la meta que todos buscamos inconscientemente?

Pero estos vagabundeos ignorantes en círculo, estos embates de la fortuna y las pruebas de carácter que constituyen, terminan al fin, y llega el momento en que el Hijo Pródigo vuelve por fin a casa y se aleja definitivamente del Oeste hacia el Este. Puede que sus pasos sigan siendo irregulares, pero no importa, van en la dirección correcta. Intelectual y emocionalmente todavía puede virar y tambalearse de un lado a otro antes de lograr un punto de apoyo estable y encontrar el camino recto de la paz; pero donde hay voluntad hay un camino, y el que se empeña en encontrar el camino hacia el Este a toda costa, sin duda llegará allí, y llegará llevando en su propio carácter los certificados de aptitud para las cosas superiores que implica el P.V. que presenta al Candidato al V.M. como una persona apta y debidamente preparada para ser masón.

6. La Obligación

Siguiendo la práctica tradicional de los Misterios y de todas las Órdenes secretas y monásticas, se exige al Candidato un voto de silencio y secreto como paso previo a la concesión de la Iniciación y a la entrega de cualquier información secreta.

A menudo se piensa que esta Obligación no es más que la perpetuación del habitual pacto de secreto exigido a los nuevos miembros de los antiguos Gremios como protección de los privilegios del Gremio y de los secretos técnicos del oficio. Pero aunque el Arte Especulativo sigue a los Operativos en este y otros aspectos, las razones para el secreto y para estar solemnemente obligados a él son mucho más profundas que la necesidad de guardar silencio sobre los secretos formales de la Orden.

El propósito principal de la Obligación es inculcar al principiante en el camino de la Luz y del autoconocimiento el sentido del valor extremo del silencio sobre las nuevas percepciones que le llegarán, las nuevas ideas y experiencias que encontrará y las reacciones mentales que experimentará como resultado de ellas. Y hay que subrayar que el silencio y el secreto se imponen no tanto en interés de la Fraternidad en general (que poco podría sufrir por sus indiscreciones) como en el del propio Hermano. La experiencia le enseñará, más adelante, el profundo valor personal del silencio. Descubrirá que la Luz y la Sabiduría no se adquieren de nada que se le pueda mostrar ocularmente o que se le pueda impartir oralmente, sino del ensamblaje gradual de nuevas ideas y de su digestión y coordinación graduales por su propia mente, para lo cual es esencial, por encima de todas las cosas, que sus energías mentales se conserven y no se malgasten en palabrería. Para utilizar una analogía eléctrica, debe convertirse en un «acumulador», recibiendo nuevas impresiones y dejándolas girar en el círculo cerrado de su propia mente, que las digerirá gradualmente y extraerá sus valores finales.

En el mundo sin Logia se produce diariamente un espantoso derroche de energía humana en forma de inútiles charlas privadas y expresiones públicas, que podrían reorientarse hacia fines más elevados. El camino de la vida interior, en el que uno entra simbólicamente al cruzar la puerta de la Logia, es el inverso. Exige silencio y economía de palabras. Recuerda la responsabilidad moral de cada palabra pronunciada. Y puesto que exige la conservación de las propias energías verbales y prohíbe su difusión innecesaria en una exuberancia espumosa, conduce por las aguas profundas y tranquilas del conocimiento, y el silencio genera el poder necesario para hablar con autoridad y efecto cuando llega el momento de hacerlo.

Volvamos ahora al V.L.S., la luz suprema del masón en estos asuntos. Declara: «Hay un tiempo para callar y un tiempo para hablar» (Ecl. III., 7). Obsérvese que el tiempo del silencio es el primero en el orden; porque, en efecto, no es posible «hablar» en absoluto en el alto sentido aquí implicado hasta que, mediante una disciplina previa de silencio, se ha adquirido la sabiduría para saber qué decir, cómo, cuándo y a quién decirlo, y se posee el impulso espiritual que transforma el habla ordinaria en aladas «palabras de poder». Sólo después de una larga disciplina de silencio es que «de la plenitud del corazón habla la boca».

Es común entre los Hermanos recién hechos, en el primer brote de su nueva vida masónica, encontrar una multitud de nuevas percepciones e ideas surgiendo en sus mentes como resultado de la Iniciación y de los pensamientos y estudios a los que su Iniciación les ha conducido. Se sienten impulsados a expresarlas y a enseñar y compartir con otros cosas que ellos mismos están empezando a aprender. Es siempre satisfactorio encontrar que las fuerzas de la Iniciación han probado ser efectivas en ellos y han encendido su fuego interno incluso hasta ese punto; pero es precisamente al freno de este crudo entusiasmo, que la Obligación se dirige en gran parte al silencio se ordena, y que debemos la práctica tradicional de restringir el dar instrucción en la ciencia masónica a aquellos que se han convertido en Maestros de ella y para quienes ha llegado el «tiempo de hablar».

El peligro que entrañan los discursos prematuros e imprudentes no es menor que el que entrañan las violaciones más flagrantes del secreto en la pena de la Obligación. Esa pena (cuando discernimos la intención espiritual detrás de la expresión literal de la misma) implica que quien es infiel a su deber de silencio y secreto puede llegar a perder por completo el poder de la palabra efectiva. Desperdiciando energías que necesitan ser conservadas y consolidadas, puede automáticamente volverse espiritualmente invocal. Dice un viejo y sabio consejo:

La palabra esclaviza, pero el pensamiento libera;
mantén tu discurso, te aconsejo.

Observa este otro punto. El Candidato toma la Obligación sobre el emblema visible de la Palabra Divina siempre parlante (que nada habla más continuamente pero nada es más silencioso), y por un acto manual se une a ella y se identifica con ella. Emulando su silencio, él puede eventualmente recuperar esa Palabra Perdida que la Masonería es la búsqueda, y volverse capaz de hacerla sonar a través de su propia persona.

Una palabra sobre la postura observada durante la Obligación, y compárela con lo que se ha dicho anteriormente sobre la medida parcial de desvestirse simbólicamente que el Candidato experimenta en este Grado. Recuerde también la naturaleza cambiante y progresiva tanto de la postura como de la medida de desvestimiento adoptada durante los tres Grados, pues son profundamente significativas. Implican que, antes de que el aspirante pueda alcanzar un nuevo yo regenerado, su viejo yo debe ser derribado, su orgullo humillado, su apego a las posesiones externas y sus arraigados prejuicios mentales cortados. Todo esto no es obra de un momento, sino de un proceso gradual. Por lo tanto, no se le pide que haga nada más allá de sus poderes inmediatos, sino que siga el principio de «precepto sobre precepto; línea sobre línea; aquí un poco y allá un poco». De ahí que la postura (y el desvestirse) cambie en cada Grado y afecte a diferentes miembros y partes de la persona del Candidato. En el Primer Grado sólo una rodilla descansa en el suelo; en el Segundo será la otra rodilla la que marcará su progresiva humildad; mientras que en el Tercero la postura significará que su humildad ya no es parcial sino total, y que toda resistencia de la mente y obstinación de la voluntad se han hundido finalmente hasta la completa entrega a la Buena Ley sobre cuyo volumen simbólico coloca primero una mano y finalmente ambas.

7. La Restauración a la Luz

A continuación se recuerda al Candidato que durante un tiempo considerable ha estado en un estado de oscuridad.

Que nadie tenga una mentalidad tan literal como para imaginar que esta frase ingenua y simple alude meramente a los pocos minutos durante los cuales la vista del Candidato ha sido apagada por razones simbólicas. Recordemos que toda la ceremonia es una alegoría, una parábola de la vida del alma; que dramatiza en pequeño «la entrada» de todos los hombres en esta su existencia mortal»; y que la totalidad de esa existencia ha transcurrido hasta ahora en un estado de oscuridad y ceguera y así seguirá transcurriendo hasta que se recupere esa conciencia espiritual que llamamos «Luz».

«Nuestro nacimiento no es más que un sueño y un olvido», dice el poeta. Nuestro renacimiento, podría haber añadido, es un despertar y un recuerdo; pero sólo se produce cuando se enciende en nosotros esa «Luz» central latente, cuya búsqueda es el propósito de nuestra entrada en este mundo y cuyo hallazgo es realmente el deseo predominante de todo corazón humano, tanto si ese deseo se convierte en un impulso consciente definido como si permanece latente y subconsciente.

En cada Candidato se presume que ese deseo se ha convertido en un impulso consciente definido, y porque se ha vuelto tan predominante y avasallador en él que está sin paz del alma hasta que encuentre lo que ha estado buscando ciegamente, tiene derecho, por la ley de la vida misma, a que su oración sea respondida, a que se abra la puerta a su propio llamado, y a oír hablar sobre él, el *fiat* de su propia re-creación: «Hágase la Luz».

A lo largo de nuestro ritual, por «Luz» debemos entender «conciencia». «Hágase la Luz» implica, por tanto, «hágase la aceleración, la elevación y la expansión de la conciencia en lo que hasta ahora ha sido inconsciente, o sólo limitadamente consciente».

Alguna medida de conciencia está presente en todo, en cada reino de la Naturaleza, desde el mineral hasta el hombre. En el hombre se reúne la conciencia de todos los reinos subhumanos, y en él esa conciencia es capaz de avanzar aún más; de hecho, a una etapa más allá de lo humano.

Nuestro Primer Grado, por lo tanto, implica la primera etapa de una expansión de conciencia más allá de la mentalidad normal. El Segundo Grado implica un avance aún mayor; el Tercero implica una «elevación» a uno aún más alto; mientras que el Grado Supremo del Arco Real apunta a una sublime «exaltación» final de la conciencia a la que conducen los Grados del Arte anteriores.

A través de la secuencia de grados está implícito un avance progresivo de la mentalidad natural normal a las alturas de la conciencia espiritual, un avance del cual se habla bíblicamente como «ascender la Colina del Señor». Y cada una de nuestras ceremonias masónicas ha sido diseñada para promover un grado en ese ascenso.

La medida en que esa ascensión sea promovida por una ceremonia particular, la medida en que la conciencia de un Candidato pueda ser así vivificada y expandida, depende de una combinación de tres condiciones: (1) la ayuda de Dios; (2) la preparación del Candidato; (3) la eficiencia de la Logia y del Maestro Iniciador como instrumentos para llevar a los dos primeros a la unión.

No es necesario suponer que la adhesión real de la conciencia espiritual al Candidato se produce instantánea y simultáneamente con el acto simbólico de la restauración a la luz. Puede ocurrir o no. Por lo general, la nueva conciencia emerge lentamente a través de la oscuridad de nuestro entendimiento nublado. Para usar una analogía masónica, el Sol en el centro de nuestro sistema personal sólo asciende al meridiano gradualmente; primero hay un amanecer y una salida gradual y una dispersión de la oscuridad antes de que su luz se manifieste en plenitud y fuerza en el alto mediodía.

El «disparo» simbólico en el que participan todos los presentes en el momento de la restauración a la luz es, por supuesto, significativo. Es, por así decirlo, una descarga o liberación de la tensión a la que la asamblea ha estado sometida durante la ceremonia; es la expresión externa de su cooperación con el Maestro Iniciador para llevar al Candidato de las tinieblas a la luz; mientras que para el Candidato mismo debe significar el sonido de la ruptura de sus grilletes internos, resultando en esa elevación del alma y el acceso repentino de la visión que le permite decir: «Mientras que antes estaba ciego, ahora veo».

RESUMEN DE LA PARTE I

La Restauración a la Luz, el clímax y punto culminante de la Ceremonia, concluye esa primera parte de la misma, esa serie de siete escalones ascendentes de la Montaña mística, que están asociados con su «estado de oscuridad». El resto de la Ceremonia, una serie de siete peldaños descendentes, tiene lugar en el recién ganado «estado de luz», y se dedica a impartir información e instrucción respecto a conservar, alimentar y desarrollar esa Luz dentro de uno mismo, ahora que ya ha sido vislumbrada.

Antes de pasar a esto, resumamos lo que ha precedido. La Ceremonia ha dramatizado en forma simbólica, de rápido movimiento, pero de ritual comprensivo, el camino que debe seguir todo aquel que, bajo la presión de los impulsos más profundos de su corazón, se aparta descontento de los intereses del mundo natural exterior, en busca de los del mundo interior.

Le explica su propia naturaleza y su propia vida pasada; le indica las condiciones y los términos en que le son posibles una reorientación de sí mismo y la satisfacción de sus esperanzas; le muestra que debe vaciarse de su viejo yo, despojándose y desprendiéndose de sus adquisiciones pasadas, ya sean intelectuales o materiales. Estas –sus «comodidades personales»–, como las literales del Candidato, le serán devueltas más tarde, pero ¡qué nuevos valores adquirirán entonces!, ¡cuán amplificado y multiplicado será su valor para él, que, como Job, ha consentido en ser despojado de ellas para encontrar un bien superior! Para lo cual, además, debe hacer una gran aventura de fe; dejarlo todo; entregarse a la guía invisible; mantener una voluntad resuelta de encontrar lo que busca; romper toda oposición e interferencia entre él y su meta; y dedicarse a la fuente de Luz y convertirse, como portador de luz él mismo, en un instrumento para formas de servicio humano más elevadas de las que podría prestar sin ella.

Tal es el camino de la verdadera Iniciación, tal como se marca en esta Ceremonia. Implica cegar los ojos, desnudar el corazón y atar la mente a las cosas externas y sombrías para que puedan abrirse de nuevo a las cosas internas y sustanciales en una verdadera Restauración a la Luz.

Entonces llega la luz del sol a nuestra cabaña,
cuando se cierra rápido la puerta de los sentidos.
Para un huésped tan puro y perfecto
la habitación más vacía es la mejor amueblada.

Si la Ceremonia no significa todo esto, no significa nada digno de perseguirse y no es más que una vana tradición y formalidad. Si significa todo esto, pero se lleva a cabo sin comprensión y sin trasplantar sus implicaciones a nuestra conducta vital, la profanamos, aumentamos nuestra propia oscuridad y no actuamos de forma diferente a quienes hacen girar ruedas de oración mecánicas. Pero si lo que buscamos es la dispersión de nuestra oscuridad natural y la elevación a la conciencia por encima de ella de ese Sol que brilla en el centro del sistema personal de cada hombre, entonces en la Ceremonia seguramente tenemos en nuestras manos un medio de gracia del primer valor y eficacia.

PARTE II

8. La Revelación de las Luces Mayores y Menores

Es imposible formular en palabras la condición resultante de la «restauración a la Luz» real. Los estados psicológicos son indescriptibles y deben ser experimentados antes de poder ser comprendidos. Pero una analogía puede ayudarnos a comprender la ampliación de la conciencia que produce la verdadera Iniciación; porque el renacimiento de la mente y de la naturaleza espiritual (que, como hemos dicho, implica la Iniciación) está en exacta correspondencia y sigue la misma ley y proceso que el nacimiento físico; el proceso de «nacimiento» se repite en un nivel superior de la espiral de la creación.

Ahora bien, cuando un niño nace físicamente en este mundo, experimenta, por así decirlo, una iniciación en un nuevo estado de existencia y alcanza una conciencia que nunca antes había experimentado, y se requiere un tiempo considerable antes de que su conciencia se ajuste a su nuevo entorno, y su visión se centre debidamente en los objetos que le rodean. Sólo es consciente de forma vaga e incoherente; se requiere tiempo y práctica antes de que pueda acostumbrarse a sí mismo y a su vista a lo que le rodea.

Lo mismo ocurre con el renacimiento psicológico. La experiencia individual del mismo varía, pero en líneas generales uno pasa a un estado de conciencia de que algo ha sucedido en uno mismo de carácter expansivo e iluminador. Uno no puede decirse a sí mismo, y mucho menos a los demás, lo que es; uno simplemente sabe que ha habido una conmoción interior, un cambio del foco de la conciencia de un nivel inferior a uno superior, que conlleva un sentimiento de liberación de las limitaciones mentales anteriores, la promesa de una visión mental mucho más amplia y una comprensión más profunda para el futuro, y con ello una sensación de felicidad profunda, edificante, pero inexplicable. Tal es una descripción muy cruda de lo que un Candidato debidamente preparado y receptivo puede experimentar como resultado de su Iniciación; posiblemente, pero no necesariamente, durante la concesión de la ceremonia, pero en algún intervalo menor o mayor después de ella. Es, en lenguaje bíblico, uno de aquellos que, habiendo estado antes en la oscuridad, ha visto ahora de repente una gran luz, pero no puede decir todavía qué es o qué implica esa luz, ni definir ninguna percepción detallada. Todo lo que sabe es que ha «recibido la vista», y que mientras antes estaba relativamente ciego, ahora por fin empieza a ver.

Ahora bien, será un hecho muy prometedor si el resultado de la Iniciación del Candidato es una «restauración a la luz» en la medida que acabamos de mencionar, porque esto significa que la reflexión subsiguiente sobre su nueva experiencia calmará sus emociones aceleradas y facilitará el ajuste de su vista mental hasta que sea capaz de alcanzar una visión clara y precisa de ciertas verdades, del mismo modo que un niño aprende a ajustar sus ojos a los objetos que le rodean. Entonces, ciertas grandes verdades primarias de la vida emergerán gradualmente y le serán reveladas. Y esas grandes verdades primarias están, en nuestra Ceremonia, simbólicamente figuradas en lo que llamamos nuestras «Tres Grandes y Emblemáticas Luces». Estos emblemas son revelados realmente al Candidato por el Maestro como los primeros objetos sobre los que miran sus ojos después de recibir la luz, y el Candidato es mantenido apropiadamente en postura arrodillada, y mirando hacia el Este, mientras son exhibidos y brevemente explicados; porque ¿cómo debería uno contemplar las verdades Divinas fundamentales primarias sino en una actitud de humildad y sobre sus rodillas mentales? Es muy apropiado, por lo tanto, que las Tres Grandes Luces sean los primeros objetos de percepción del Candidato, y que le sean reveladas mientras mira hacia el Este, y mientras está en postura arrodillada.

¿De qué son emblemas estas Tres Grandes Luces? Consisten, obsérvese, en el V.L.S., la E. y el C.; las tres se muestran siempre como si estuvieran orgánica e indisociablemente combinadas; el V.L.S. yace debajo y forma la base para las otras dos que descansan sobre ella. El C. está parcialmente oculto por la E.

1) El V.L.S., aunque encarna la Ley Divina revelada al mundo occidental, tiene un significado mucho más amplio. Para nosotros los masones, es el emblema visible de la invisible Ley Cósmica, a través de la cual la Deidad se manifiesta en el Universo. Por lo tanto, representa virtualmente a Dios mismo que, como Ley, subyace a todo y es la base de todo ser. La «Ley» tiene muchas formas o modos, y no debemos, por lo tanto, limitar nuestras ideas de ella a ninguno de ellos, sino más bien pensar en ella como comprendiéndolos a todos, como ley física, ley intelectual, ley moral, y como unificando las cualidades duales de Justicia y Misericordia, de Severidad y Amor, que caracterizan la Naturaleza Divina.

Tan amplia es la concepción de la «Ley Sagrada» que los masones no se comprometen a tratar la Biblia como la única expresión de la misma. En consecuencia, se permite que las Sagradas Escrituras de cualquier religión sean expuestas en la Logia en sustitución de la Biblia; el principio adoptado es que un

Candidato puede estar obligado por la revelación particular de la Ley Cósmica que reconoce como verdadera para sí mismo y vinculante para su conciencia.

Así, en muchas Logias donde se admiten hombres de fe no cristiana, se mantienen conjuntos alternativos de Escrituras, de modo que un judío puede estar obligado por el Pentateuco, un musulmán por el Corán, un indio por los Vedas o Puranas, y así sucesivamente.

2) El Compás que descansa sobre el V.L.S. representa el Espíritu Divino o Principio Divino que emana de la Deidad y se manifiesta, tanto cósmicamente como en el individuo, y procede a funcionar de acuerdo con la Ley Divina.

3) La Escuadra, opuesta al Compás, pero inextricablemente unida a este, representa la envoltura o vestidura de la Materia Cósmica, en la que el Espíritu Divino toma forma y procede a funcionar.

Leídas conjuntamente, pues, las Tres Grandes Luces revelan el Propósito Cósmico; es decir, Espíritu y Materia trabajando al unísono y de acuerdo con la

Ley Divina para realizar una idea o intención latente en la Mente Divina.

¿Cuál es esa Idea Divina? Es la de construir un Universo perfecto, ocupado por seres perfectos; un Universo en el que el Espíritu animador y la forma material estarán en perfecto equilibrio y, hecho a imagen y semejanza divina, será una expresión perfecta del Pensamiento Divino y un tabernáculo adecuado para que habite la Deidad.

Masónicamente, hablamos de la Deidad como el Gran Arquitecto, y del Universo como el Templo Cósmico en proceso de ser construido de acuerdo con la Ley y el Orden Divinos y con la ayuda de los Compases y la Escuadra Divinos; y es esta idea, como base de la doctrina y filosofía masónica, la que es, por lo tanto, el primer «secreto» revelado a cada Candidato y mostrado a él bajo la apariencia de nuestras Grandes Luces Trinas; porque, como masón, se convierte en su deber cooperar con el Gran Arquitecto en la ejecución de Su plan y en la erección del Gran Templo Cósmico.

Habiéndosele mostrado las Tres Grandes Luces (o, como podemos llamarlas, los tres grandes

Principios Cósmicos), se da ahora la vuelta al Candidato de cara al E., y se le muestran Tres Luces Menores ardiendo en diferentes partes de la Logia. Ahora bien, estas Tres Luces Menores están en correspondencia directa con las tres grandes. Tienen por objeto indicar al Candidato que los tres grandes Principios Cósmicos o Luces que subliman el Universo, están reproducidos y presentes en miniatura dentro de él mismo. El Universo es el Macrocosmos (o gran imagen del Pensamiento Divino); él mismo es el Microcosmos (o imagen en pequeño del mismo Pensamiento), y en él también residen tres «luces» que le permiten cooperar con el plan del Gran Arquitecto. A él también le ha sido confiado el Compás de la Mente que discierne para dirigir su propia vida personal; la Escuadra de la forma corporal que le corresponderá trabajar para darle la forma debida y convertirlo en piedra viva para el Templo Cósmico; mientras que la Luz Maestra de la Conciencia también reside imperecederamente dentro de él para indicarle el camino del deber.

Con la ayuda de estas Tres Luces Menores, el Candidato está capacitado (como le enseñará la Lección del Grado) para percibir por primera vez la forma de la Logia; para contemplar su disposición, sus muebles y joyas, para contemplar su longitud, anchura y altura, la disposición de los Hermanos alrededor de sus lados, mientras que su parte central queda como un espacio vacío e iluminado por la «Gloria en el Centro». Traduciendo esto a un significado personal, se supone que se da cuenta de que toda esta imagen externa no es más que una imagen de sí mismo, vista desde dentro de sí mismo y ya no desde fuera. Pues así como ahora está dentro de la Logia y puede ver lo que antes le estaba vedado, así ahora, con la ayuda de sus propias luces interiores, puede esperar llegar a ser capaz de entrar dentro de sí mismo, contemplar introspectivamente la amplitud de su propia alma, observar con qué gracias y joyas de carácter debe amueblarla y adornarla, y percibir sus propias facultades personales en la circunferencia y la presencia de esa Estrella brillante que resplandece en su propio centro.

Resumiendo: la instrucción en las Grandes Luces consiste en revelar al Candidato la Ley básica y los Principios de todo ser; mientras que la de las menores constituye su primera lección en el «cono-cimiento de sí mismo» y le enseña que esos Principios existen también dentro de su propia alma y le proporcionan luces suficientes para moldearla hasta la perfección y ponerse en armonía con la Ley Cósmica.

La ocultación de las puntas inferiores del C. bajo la E. encierra una lección muy instructiva. De ello se desprende que el espíritu inmortal y poderoso del hombre (representado por el C.) se encuentra actualmente recubierto e impedido de funcionar plenamente por las tendencias contrarias de su cuerpo material mortal, representado por la E.). Ahora bien, esta posición debe invertirse. Si el hombre ha de perfeccionarse y elevarse a la plena altura y posibilidades de su ser, su principio espiritual no debe permanecer subordinado a la carne y sus tendencias, sino ganar ascendencia sobre ellas. Esto es lo que se enseña al masón a lograr por sí mismo, y en la medida en que someta su naturaleza inferior, liberará los poderes y facultades de su espíritu inmortal y se elevará a la maestría sobre todo lo que es carnal y material en sí mismo. En los Grados subsiguientes este triunfo del espíritu sobre el cuerpo se evidenciará simbólicamente elevando progresivamente las puntas del C. por encima de la E., primero una y luego la otra, hasta que el Candidato a la perfección sea al fin «capaz de trabajar con ambas puntas y completar el círculo de su conducta masónica».

9. La comunicación de los Secretos

A continuación se confían al candidato los «secretos» del grado. Esto, sin embargo, va precedido de una explicación de ciertos peligros que, desconocidos para él, se le dice que ya ha pasado, y se le muestran la espada y el cable. Estos, por supuesto, no son más que símbolos visibles de ciertos peligros espirituales subjetivos que se corren al emprender precipitadamente el camino de la experiencia espiritual y del suicidio moral que supone apartarse de ese camino cuando se han abierto los ojos a él. Para el novicio estos peligros son imperceptibles, y no se harán evidentes hasta después de una considerable experiencia; mientras tanto, debe aceptar la advertencia como un sabio consejo de aquellos más avanzados que él.

En cuanto a la espada que se le muestra, que reflexione sobre las frecuentes referencias bíblicas a la «espada del Espíritu» de dos filos, a su poder penetrante y a la forma en que se dice que protege el acceso al «Árbol de la Vida» central. Esto le ayudará a comprender el uso de la espada en la Ceremonia, y por qué, en su primera entrada en la Logia, se le hace sentir su afilada punta.

De hecho, tan importante es este elemento del equipo que aparece de una forma (o disfraz) u otra en cada uno de los tres Grados, así como en el Arco Real. No es conveniente que se hable promiscuamente de sus significados más profundos, incluso entre masones; como muchas otras cosas en el Arte, esos significados se revelarán por sí mismos con la experiencia avanzada o serán impartidos en privado por un maestro a alumnos aprobados. Se puede decir, sin embargo, que bíblicamente, el cable se refiere a la frase familiar «o siempre el Cordón de Plata se suelta» (Ecl. XII., 6) y quien entienda esa frase percibirá por qué el «cordón» se utiliza en cada una de nuestras Ceremonias.

Los «secretos» (o verdades arcanas) impartidos en este Grado se explican como consistentes en ciertas marcas o signos peculiares, destinados a distinguir a todos los Hermanos del grado elemental de Aprendiz. Exteriormente, en este Grado y en los siguientes, se expresan por medio de pasos, signos y palabras. Estos, por supuesto, no son los secretos completos o reales, sino sólo emblemas figurativos de ellos. Es lo que significan lo que constituye los secretos, y ese significado se deja para que el Candidato lo medite y lo reduzca a la práctica personal diaria. Sólo así los aprenderá realmente y llegará a comprender por qué se llaman «secretos» y por qué insistimos en su uso. Nunca pueden comunicarse oralmente, excepto en forma simbólica, sino que deben aprenderse mediante la práctica experimental. Al igual que un hombre de negocios próspero nunca puede transmitir el «secreto» de su éxito a alguien que no lo haya practicado él mismo, así los secretos del progreso masónico sólo los aprenden aquellos que realmente los viven. Son pistas para el progreso espiritual más que comunicaciones confidenciales de información secreta.

Al recibir los secretos simbólicos formales, el Candidato debe reflexionar que está recibiendo una primera lección en un largo curso de instrucción de naturaleza privada y oculta; es decir, que no se enseña fuera de la Logia, sino que está oculto al conocimiento público y destinado a ayudarle en el camino de su vida interior personal. Puesto que acaba de entrar en ese camino, es apropiado que ahora se le instruya sobre cómo recorrerlo. Tiene que recorrer un largo camino para alcanzar la meta que el Arte le abre, una meta aún no visible. Por lo tanto, debe absorber la instrucción lentamente, proceder con cautela, comprensión y humildad. Se le ha dado una primera visión lejana de la Luz que busca, pero esa Luz sólo le confundiría y cegaría si se le revelara en su totalidad, de repente y abruptamente. En su búsqueda debería aplicarse a sí mismo las trilladas palabras del himno de Newman: «No pido ver la escena distante; un paso me basta». Y es un paso, y sólo un paso a la vez, lo que el Arte permite y enseña en cada uno de nuestros Grados. Que se asegure de llevar a la vida diaria todo lo que ese paso significa, porque hasta que no lo haya dado en la vida real será incapaz de dar los siguientes. Y al Aprendiz Masón se le asignan siete años para darlo, aunque (como dice el discurso) menos serán suficientes si se le considera digno de ser preferido.

¿Por qué un período tan largo como siete años? La respuesta está en el hecho de que el Primer Grado de la vida espiritual y masónica es de purificación del cuerpo y la mente en preparación para el logro de la Luz en toda su plenitud. El hombre natural no purificado nunca puede alcanzar esa Luz; sus propias inherentes, impurezas y oscuridad siempre obstruirán su mente y lo mantendrán autoengañado de ella. Por lo tanto, es necesaria la purificación y la eliminación de todo lo que en él nubla su visión y embrutece su naturaleza. Esto lleva tiempo. Sabemos que nuestro cuerpo cambia cada siete años. Los fisiólogos declaran que durante ese período cada célula y tejido de nosotros experimenta una renovación. El hombre que se comprende a sí mismo y se pone resueltamente a trabajar en la regeneración puede, por lo tanto, contar con la ayuda de la Naturaleza para que, en el plazo de siete años, elimine gradualmente sus propias impurezas y las sustituya por material nuevo, construyéndose así un cuerpo más limpio y puro, mejor preparado para ser irradiado por la Luz que reside en su propio centro. Esta «ley septenaria» –uno de los secretos clave para interpretar la vida– era bien conocida por los Iniciados de antaño y es por esta razón que se asignan siete años al trabajo del Primer Grado.

Hay mucho que aprender sobre la «palabra» del Grado y la postura en la que se imparte, pero esto también debe dejarse a la enseñanza oral privada. Las instrucciones acerca de que el Candidato «debe permanecer perfectamente erguido», y las referencias a «líneas y ángulos rectos» y «acciones bien cuadradas» comprenden una riqueza de alusiones a verdades secretas en las que el Hermano promedio nunca piensa que valga la pena indagar. Para el experimentado, sin embargo, tales asuntos como la postura corporal y la «buena cuadratura» de las acciones personales (incluso en asuntos tan minuciosos como escribir legiblemente y con cada letra bien formada) tienen un valor tanto fisiológico como de carácter de gran importancia en relación con el esfuerzo por alcanzar la perfección espiritual. La naturaleza ha tenido un propósito al elevar lentamente el cuerpo animal del hombre de una postura horizontal a una erecta y al transformar sus instintos y pasiones animales en rectitud moral, y aún tiene otros propósitos que revelar como resultado de la erección fisiológica. El salmista dice: «Para los rectos surge la luz en las tinieblas»; y para los Iniciados esto es literalmente cierto. Una parte de su entrenamiento y disciplina consiste en adoptar una postura físicamente erecta de la columna vertebral cuando se dedican a sus devociones y meditaciones, pues se sabe que esa postura en forma de columna conduce a la consecución de la conciencia espiritual o «luz». De ahí que todas las oraciones en Logia se digan con los Hermanos erguidos, razón por la cual se instruye al Candidato masónico a «estar perfectamente erguido» en el momento en que se le comunica la luz de la «palabra». En tiempos pasados, por razones psico-fisiológicas bien entendidas, una persona deforme o enferma nunca era aceptada como Candidato apto y apropiado para la Iniciación.

En cuanto a la «Palabra» dada al Candidato, se puede hacer aquí una breve indicación. Se dice que denota Fuerza; una mejor traducción sería Poder, Energía, Ardor, todo lo cual está implícito en ella. Se refiere a la energía y al ardor con que el Candidato debe proseguir su trabajo de autoperfeccionamiento, ahora que ya lo ha comenzado; y se le da la palabra porque la agudeza y la energía serán uno de los secretos clave de su progreso exitoso. Toda obra creadora depende de dos fuerzas activas y pasivas que interactúan, energía y resistencia, trabajo y descanso. (En la Creación, Dios primero trabajó y luego descansó). La Ceremonia nos recuerda que estas dos fuerzas estaban representadas al frente del templo simbólico de Salomón por dos «pilares», es decir, principios fundacionales. Y son estos dos principios –actividad y contemplación– los que el Candidato debe aprender a aplicarse a sí mismo para reconstruir su propio templo personal.

10. Las pruebas de los Vigilantes

Tras la comunicación de los Secretos, se ordena al Candidato que se dirija a cada Vigilante por turno y se le dice que se los comunique. ¿Por qué? Para saber si retiene las instrucciones e impresiones que le han sido comunicadas y puede reproducirlas, o si fracasará al hacerlo, o las pervertirá o falsificará. En una palabra, se le somete a una prueba de su propia capacidad para retener y estar a la altura de lo que ya se le ha transmitido.

Este episodio no sólo perpetúa la práctica de los Antiguos Misterios, sino que está totalmente de acuerdo con la autoridad de las Escrituras y con la experiencia espiritual. Porque es un hecho, de hecho una ley de la vida, que nadie recibe una accesión de conocimiento o poder, o incluso de riqueza material, sin que poco después sea puesto a prueba en cuanto a cómo la utilizará y si es capaz y digno de retenerla; si lo es, avanzará aún más; no, permanecerá donde estaba o será degradado a una posición peor que al principio. Al que tiene se le dará, y al que no tiene se le quitará hasta lo que tiene». Recuérdese la dura prueba a que fue sometido Job después de adquirir grandes riquezas; recuérdese también el episodio de la «tentación» o prueba que se relata en los Evangelios como ocurrida a Jesús inmediatamente después de su acceso a la luz espiritual en el bautismo del Jordán.

Y así será para todo aquel para quien nuestra Ceremonia de Iniciación se traduzca en términos de experiencia de vida real. Tan pronto como se le conceda la Luz o la Sabiduría, se verá sometido a una u otra prueba para determinar si es digno de recibirla. «El que no ha sido probado no sabe nada», dice un sabio Maestro (Tomás de Kempis), pues ninguna verdad nueva puede llegar a ser propia hasta que se ha reducido a la conducta personal y se ha vivido bajo la tensión de la oposición y la tentación contrarias.

Anteriormente en nuestra Ceremonia, recordemos, el Candidato fue conducido a los Vigilantes por turnos y, despertándolos del silencio, provocó que le hablaran; y se explicó que al hacer esto el Candidato estaba simbólicamente llamando a la actividad a ciertas fuerzas superiores latentes en sí mismo pero previamente dormidas. Son esas mismas fuerzas o principios superiores latentes en sí mismo los que le pondrán a prueba ahora que su inteligencia ha recibido una pequeña dosis de Luz. ¿Puede retener esa Luz? ¿Muestra todavía el «signo» de un verdadero masón? ¿Sigue esforzándose por recorrer el camino y dar el «paso»? ¿Recuerda y pone en práctica la «palabra» que le fue dada? ¿Muestra su vida diaria que está pronunciando esa palabra, si no en su totalidad, al menos en sílabas o letras entrecortadas? Nuestra práctica de pronunciar la palabra «a medias» o «con letras» no es meramente por razones de precaución o para mostrar que compartimos su secreto con otros Hermanos, sino como un recordatorio muy instructivo y delicado de que aunque seamos incapaces de pronunciar esa palabra en su totalidad, sin embargo, si sólo podemos pronunciarla en tropiezos pero sinceros esfuerzos fragmentarios, esos fragmentos serán suficientes para permitirnos pasar nuestra prueba.

Si, por lo tanto, pasamos la prueba, se nos permite y se nos indica que pasemos a logros superiores, y es de esto de lo que el envío del Candidato a los Vigilantes para probarse a sí mismo como masón es una representación dramática y simbólica.

11. La investidura con el Mandil

Puesto que cada episodio de la Ceremonia sigue a su predecesor con sabiduría clarividente y precisión psicológica, veremos ahora cuán grande y adecuada es la recompensa que espera al Candidato como resultado de superar la prueba a la que acaba de ser sometido.

Cuando el P.V. informa al Venerable Maestro de que el Candidato ha hecho un progreso real y demostrable en la ciencia, el Venerable Maestro inmediatamente da instrucciones para la investidura con el Mandil. Entonces, por primera vez, el Candidato se viste de masón y tiene derecho a llevar la gloriosa insignia de la Orden.

Detrás de este acto de inversión se esconde una verdad importante pero ultra física, a saber, que cada estado espiritual al que pasa el alma humana va acompañado de una forma corporal apropiada.

La antigua máxima de los Iniciados al respecto es «Nullus spiritus sine indumento»: ningún espíritu (o condición espiritual) existe sin poseer su forma o vestidura apropiada; o, en palabras de las Escrituras, «Dios le da un cuerpo como le agrada, y a cada semilla (o alma) su propio cuerpo». Y en consecuencia, cuando se certifica que el Candidato ha alcanzado una nueva fase de crecimiento del alma, el Venerable Maestro (como representante Divino en la Logia) ordena inmediatamente que se le vista con una vestidura expresiva de su condición espiritual.

El valor emblemático del mandil como prenda de vestir es evidente. Es a la vez uno de los símbolos más importantes y completos. Su forma es la de un triángulo equilátero, superpuesto a un cuadrilátero cuyos lados también son iguales. El triángulo es el emblema primitivo y universal de lo que es Espiritual y Sin Forma, mientras que el cuadrilátero es el de lo que es Material y posee Forma (o cuerpo); y, puesto que la naturaleza humana es un compuesto de ambos, el Mandil es una figura del hombre mismo.

Y puesto que el triángulo y el cuadrilátero se encuentran entre los ideogramas más antiguos del mundo, y de hecho son tan antiguos como la humanidad misma, el Mandil se describe muy acertadamente como «una insignia más antigua que la de cualquier otra Orden existente».

El Mandil es también de piel de cordero blanca; un emblema, por lo tanto, de pureza, de inocencia y de infancia; una vestimenta apropiada para alguien que acaba de nacer a la vida masónica. Tiene cinco puntas, en alusión a la naturaleza de cinco sentidos del hombre y a muchas otras verdades ocultas concernientes a la humanidad. Si se suman los tres lados de su parte triangular a los cuatro de su parte cuadrangular, se obtiene el siete, el número de lo completo en la Naturaleza, que se corresponde con el septenario de colores del espectro, las notas de la escala musical y los días de la semana. Si los multiplicas, obtienes doce, el número cósmico, que comprende los doce Signos Zodiacales por los que se mueve nuestro Sistema Solar y que se reflejan en las doce tribus hebreas y los doce Apóstoles.

A medida que el Candidato avanza a través de los Grados y quizás eventualmente llega a las secciones más altas de la jerarquía masónica, encontrará en cada nuevo paso un cambio correspondiente en la forma y colores de su Mandil. Manifestará lo que se conoce como los colores sagrados o reales, azul, púrpura y escarlata, mientras que a su simplicidad sin adornos se añadirán ornamentaciones de metales preciosos, al principio plata y después oro. Estas elaboraciones del Mandil están destinadas a simbolizar el correspondiente progreso en quien lo lleva, y apuntan al despliegue de gracias y poderes espirituales desde las profundidades de su propio ser interior. A medida que la fuerza de su espíritu central crezca, su Mandil se llenará de rosetas simbólicas y se decorará con azul celeste y ornamentos de plata; y, a medida que se intensifique aún más, el azul pálido se convertirá en azul real, y la plata será desplazada por el oro, el emblema de la sabiduría y la realeza espiritual. El Mandil, además, está sujeto al cuerpo por un broche en forma de serpiente, el emblema de la Sabiduría, para indicar la sabiduría con la que ha sido concebido todo su organismo.

Que el Candidato, pues, vea en el Mandil un símbolo de sí mismo y, en su progresivo embellecimiento, reflexione que exige la manifestación del correspondiente crecimiento de espiritualidad en su propia vida. Que considere su Mandil con un respeto comparable al que debería tener por su propia alma, conservándolo, en la medida de lo posible, sagrado y sin abolladuras, sin tratarlo nunca con ligereza ni confiándolo a otras manos que no sean las suyas. Porque, siendo el símbolo de sí mismo, debe ser respetado como la imagen exterior y visible de su ser interior invisible.

Como está escrito que ningún hombre puede entrar en el cielo sin llevar un «traje de bodas» (es decir, una vestidura que le capacite para la unión con la vida celestial), así ningún masón puede entrar en una Logia sin llevar el Mandil que proclama su comunión y amistad con el Arte universal. Pero no necesitamos restringir nuestro pensamiento o incluso nuestro uso del Mandil a llevarlo en Logia; es útil imaginarnos a nosotros mismos vestidos con él en todo momento, tanto si lo llevamos puesto como si no. Hay algunos Hermanos que se ciñen su vestimenta masónica en privado, mientras se dedican a sus devociones personales. Y hay algunos que, fieles a su significado en vida, les gusta seguir llevando su Mandil en la tumba.

12. La instrucción en el N.E.

Vestido masónicamente, el Candidato es colocado en la esquina N.E. de la Logia. Por «la Logia» se entendía antiguamente, no la habitación en la que tiene lugar la Ceremonia, sino el tablero de trazado, ahora llamado Cuadro de Logia, situado en la esquina N.E., sobre el que se escuadraban los pies del Candidato; una práctica que todavía se mantiene en algunas Logias y que parece deseable continuar.

La esquina N.E. es un punto de gran significado simbólico. Es el punto de encuentro del N. y el E., de la oscuridad y la luz, y, por lo tanto, representativo de la propia condición del Candidato. Situado en este punto, el Candidato puede, a su voluntad, avanzar hacia el Este o retroceder hacia el Norte, avanzar hacia la Luz o recaer en las tinieblas.

Se le pide, sin embargo, que haga de su posición actual la base de una renovada actividad espiritual y que considere su personalidad como una «piedra angular», ahora bien y verdaderamente colocada, como el material para levantar sobre ella una «superestructura». Con esta expresión se quiere decir algo mucho más que la mera edificación del carácter, como a menudo se piensa. Lo que está implícito puede quizás entenderse por referencia a algunos de los rituales masónicos más antiguos en los que en lugar de «superestructura», se le dice al Candidato que construya un «castillo en el aire», una expresión que, lejos de significar algo soñador e imaginario como popularmente se ha llegado a hacer, realmente se refiere a un cuerpo «aéreo», etéreo o espiritual, «una casa no hecha con las manos ni sujeta a la decadencia (como su cuerpo temporal) sino eterna y celestial».

Esto nos lleva a una metafísica más profunda de la que podemos tratar aquí, y el tema debe dejarse a la reflexión y enseñanza privadas, con la mera insinuación de que, así como nuestro cuerpo mortal visible ha sido construido gradualmente, célula a célula y tejido a tejido, a partir de las esencias y fuerzas vitales de la Naturaleza temporal, así el Hombre tiene dentro de sí la capacidad de elevarse sobre ella, y de evolucionar a partir de sí mismo, una «superestructura invisible inmortal». Un castillo o fortaleza «aérea» en la que su alma consciente se refugiará y se vestirá cuando sus vestiduras terrenales se desvanezcan. La erección de la superestructura se conoce en el misticismo masónico como la «construcción del Templo del Rey Salomón», que cada masón debe construir para sí mismo.

Otro tema sobre el que el Candidato está encargado en la esquina N.E. es el deber de la Caridad, cuyo logro completo se menciona en otra parte como la cumbre de la profesión del masón. Ahora bien, es ocioso pensar que esta virtud y su consecución se realizan mediante donaciones de dinero a aquellos que son económicamente pobres, afligidos o merecedores. Las palabras usuales del ritual pueden sugerir que así es, pero recuérdese que el ritual es un velo, y siempre enmascara verdades mucho más profundas que las que exhiben sus palabras superficiales.

La «caridad» que se ruega tan encarecidamente al Candidato que cultive en este momento tan importante y a lo largo de toda su vida posterior, quizá se interpretaría mejor con la palabra «compasión», compasión universal y sentimiento de simpatía hacia todas las criaturas vivas, humanas y subhumanas. Tal definición incluye el Amor, que es el sinónimo habitual de Caridad, pero abarca incluso algo más. «Caridad», en su original latino *Caritas*, significa «afecto», y la virtud y el deber masónicos son los de considerar a todas las criaturas en un espíritu de afecto universal e imparcial, como peregrinos en un único camino y, aunque en diferentes grados de desarrollo, evolucionando hacia una meta común. En sus luchas y sufrimientos para alcanzar ese destino, que es tanto suyo como tuyo, y tanto si son conscientes de ese destino como si no, y tanto si te agradecen tu ayuda como si no, el masón tiene el deber de darles toda la compasión y ayuda que pueda.

Dar lo que es personal y material es la forma más baja, y no siempre sabia, de dar. Dar socorro mental y moral es un alivio de mucho mayor valor, porque refuerza la naturaleza mental y moral de los receptores. Darse a sí mismo desde el corazón en una constante efusión sacrificial del espíritu puede no producir ningún resultado visible, pero es, sin embargo, la más elevada de todas las formas de dar, y es ésta la que se aconseja practicar al masón, ya que lo que irradia vivificará la vida de todos los que le rodean y enviará hojas de su propio árbol de la vida para la curación de las naciones. En el centro del sistema personal de cada hombre mora un sol, aunque ahora esté nublado por las nieblas y brumas de su propia creación, que, como el orbe solar en la Naturaleza, puede enviar su generosa radiación benéfica persistente, sin escatimar esfuerzos, e imparcialmente a los buenos y a los malos por igual. Todos los grandes maestros e iluminadores de la humanidad han sido soles en ese sentido y porque sus vidas se basaron en la compasión por el mundo entero; y corresponde al Iniciado tratar de emularlos.

Considera la filosofía de dar y por qué debe ser necesariamente más bendecido que recibir. El hombre natural es necesariamente egoísta, codicioso, autocomplaciente. Todos sus días ha estado recibiendo –de la Naturaleza, de sus padres, de la sociedad– y se ha vuelto egocéntrico y habituado y entrenado para asegurarse una vida, una posición y una individualidad. Pero el masón es un hombre que, por el hecho mismo de buscar la Iniciación, se ve impulsado por fuerzas internas a elevarse más allá de la Naturaleza y a someterse a una ley más elevada que la de la auto-adquisición. Todas sus energías deben invertirse ahora; el recibir debe dar paso al dar; las tendencias centrípetas deben transformarse en radiaciones centrífugas de las cualidades más elevadas que hay en él. En palabras de Matthew Arnold:

Sabed que el hombre es todo
lo que es la Naturaleza, pero más...

Y en ese «más» residen todas sus esperanzas de bien. A partir de ese «más», el masón construye una «superestructura» sobre los cimientos de su antiguo yo; no como antes, mediante un proceso de obtener y recibir, sino de dar para que otros puedan vivir. Y cuanto más da, más recibe finalmente, porque toda energía se conserva y, como el agua que se expande, regresa a su fuente, enriquecida por cada contacto que ha hecho en su paso.

De ahí que se encargue al Candidato que aprenda que la donación de sí mismo es la ley fundamental y la piedra angular de la vida superior; que la Caridad tiene sus grados y puede practicarse de muchas maneras y en diferentes planos, siendo la más elevada el derramamiento habitual de amor compasivo hacia todos los seres; que el que ha recibido gratuitamente debe dar gratuitamente; y que así como, por su Iniciación, se le ha dado la bendición de la luz y la comprensión que nunca antes había poseído, ahora la Ley de la vida misma requiere que, a partir de este momento, nunca niegue esa luz a nadie que se la pida.

Seguramente uno de los momentos más conmovedores de una Ceremonia impresionante es aquel en el que el Candidato, empobrecido y desprovisto de todo lo material, es invitado a hacer un regalo a sus pobres y afligidos semejantes. ¿Con qué recursos puede hacerlo, si no es con el tesoro de su propio corazón, sin cuyo respaldo ningún regalo, cualquiera que sea su forma, puede tener verdadero valor? El incidente pretende enseñarle que si ese tesoro está vacío, ¿cómo puede dar realmente nada, por opulento que sea pecuniariamente? Pero si está lleno, estará dando lo que las guineas no pueden comprar.

13. Las herramientas de Trabajo

En la esquina del N.E. se aconseja al Candidato qué hacer, a qué aspirar, para promover su propio avance. Lo siguiente es decirle cómo hacerlo. Por lo tanto, se le recomienda seguir ciertas líneas de autodisciplina y superación personal a las que se hace referencia bajo el disfraz de «herramientas de trabajo».

Estas herramientas de trabajo son tres, y como su significado místico está suficientemente explicado en su presentación al Candidato, no es necesario repetirlo aquí. No deben considerarse, sin embargo, como meros emblemas incidentales a la Ceremonia y que después deben ser ignorados u olvidados, sino como representantes de deberes esenciales para el progreso masónico y destinados a ser observados en la práctica diaria.

Una de estas tres herramientas, el medidor, es triple en su aplicación. Asigna el tiempo diario a la realización de tres tareas distintas, tareas que no implican necesariamente el mismo gasto de tiempo, pero cada una de las cuales tiene el mismo valor.

Inculca (1) un deber para con Dios y una devoción persistente a las cosas espirituales, (2) un deber para con uno mismo, que implica la debida atención a las búsquedas materiales y el cuidado de la propia persona, y (3) un deber altruista para con los que se encuentran en una situación menos feliz que la propia, como si se tratara de un triángulo equilátero de deberes, cada uno de los cuales es tan importante como los otros dos. De hecho, será útil pensar que los lados de dicho triángulo significan Dios, uno mismo y el prójimo, respectivamente, y constituyen una unidad, un todo en el que cada parte es necesaria para las demás. El masón debe encontrar la manera de equilibrar el cumplimiento de estos tres deberes, para hacer de ellos un triángulo equilátero y no de lados desiguales. Se requiere igual atención a las cosas espirituales, a sí mismo y a lo que es distinto de sí mismo, es decir, a su prójimo; una preponderancia indebida en cualquiera de las dos direcciones impedirá un verdadero equilibrio. Por eso, aunque se le dice que preste ayuda altruista a su prójimo, también se le dice que no debe hacerlo «a menos que pueda hacerlo sin detrimento de sí mismo o de sus conexiones». A primera vista, estos calificativos suenan egoístas, contrarios al espíritu de abnegación. Pero hay una gran sabiduría en ellas. Porque sólo puede servir y ayudar realmente a otro quien ha cumplido primero su deber consigo mismo y se ha hecho competente para servir. «El amor propio (dice Shakespeare) no es un pecado tan vil como el descuido de sí mismo»; y hay muchas personas que descuidan mejorarse a sí mismas, mientras tratan afanosamente de mejorar a los demás. Pero el egoísmo desaparecerá por sí mismo si la devoción se concede habitualmente a lo que es más elevado que uno mismo, y este logro le capacitará a su vez para ayudar a su prójimo.

A medida que el Candidato progresa, conocerá otras herramientas de trabajo en los Grados posteriores, pero no podrá utilizarlas a menos que se haya acostumbrado primero a las del Primer Grado. Por lo tanto, se le aconseja que no malinterprete nada, sino que preste atención incluso a las instrucciones más pequeñas del ritual hasta que impregnen su vida y su ejecución se convierta en un hábito. Encontrará que su educación es de gran ayuda si comienza la lectura sistemática de literatura que trate sobre temas masónicos y afines. «Leer es una buena oración» dice un viejo consejo, siempre que sea de un tipo que ayude a la búsqueda de la Luz, y puesto que la masonería es en gran parte un trabajo de la mente, todo estudio que conduzca a la expansión de sus facultades mentales probará ser una «herramienta de trabajo» y le abrirá nuevas puertas de percepción.

14. El Cuadro de Logia

La instrucción final para el Candidato es la explicación del Cuadro de Logia, aunque por comodidad a menudo se aplaza a otra ocasión, ya que es necesariamente larga.

Se habrá observado que el Candidato ya ha sido instruido en ciertas cuestiones espirituales y éticas; ahora sólo queda complementarlas apelando a su naturaleza intelectual. Esto se hace presentándole el Cuadro de Logia e impartiéndole cierta información esotérica de carácter filosófico. Por «esotérica» se entiende la información que no se imparte fuera de la Logia ni se enseña en las iglesias y otros sistemas de instrucción pública, sino que siempre ha estado reservada a una enseñanza más privada y avanzada y que se ha perpetuado en secreto y se ha plasmado en imágenes jeroglíficas o simbólicas. En un tiempo, estos diseños crípticos nunca se exponían al riesgo de la mirada pública, sino que eran dibujados en el suelo de la Logia por el Maestro Iniciador cuando la ocasión lo requería y eran borrados por el Candidato al final de la Ceremonia. Hoy se conservan permanentemente en el cuadro de la logia.

Un examen detallado del Cuadro de Logia del Primer Grado aparece en un documento anterior de la Logia y, por lo tanto, no es necesario repetirlo aquí.

En el discurso oficial que explica Cuadro, se recomienda al nuevo masón «buscar un Maestro y obtener de él instrucción», haciendo referencia una vez más a la verdad: «Buscad y encontraréis». Esto se refiere a una antigua práctica por la cual cada Hermano menor buscaba y se unía durante siete años a un Maestro experto con el propósito de obtener una enseñanza privada mucho más completa en la ciencia de lo que es posible en las reuniones de la Logia. La relación de Maestro y Aprendiz, que existía en los gremios y que más tarde se convirtió en una práctica comercial ordinaria, era originalmente una en la que el Maestro no se encargaba de la formación comercial sino espiritual del neotipo, una práctica que existe hoy en día en todo Oriente y que siempre se observó en los Misterios de la Antigüedad. Desgraciadamente, entre nosotros esta práctica ha caído en desuso debido a que muy pocos Maestros son competentes para enseñar y muy pocos Candidatos están deseosos o incluso maduros para aprender lo que yace bajo la superficie de la doctrina del Oficio.

Donde, sin embargo, existe la verdadera relación de Maestro y Discípulo, se convierte en una relación íntima y preciosa, que implica la forja de un vínculo espiritual y una responsabilidad recíproca que ninguno de los dos rompería a la ligera. Este es un tema sobre el cual se puede decir mucho más de lo que es posible aquí, pero reflexionemos que la vieja máxima de nuestra ciencia es que «cuando el alumno esté listo, el Maestro lo estará esperando», y que tal Maestro impartirá una instrucción personal de un carácter mucho más profundo y amplio de lo que puede darse pública o promiscuamente.

Finalmente, se le dice al Candidato que se retire de la Logia para recuperar lo que se llama, un poco irónicamente, sus «comodidades personales», los pobres adornos y pertenencias a los que renunció antes de entrar en un lugar donde tales posesiones no tienen valor. Sin embargo, el hecho de que se le ordene reanudarlas constituye una lección importante, ya que en lo sucesivo tendrá el deber de revalorizarlas y, al mismo tiempo que las utiliza por lo que valen, aprender a distinguir entre lo que es pasajero y lo que es duradero. Lo que hasta ahora ha considerado y a lo que se ha aferrado como «comodidades», puede que más tarde le resulten molestas incomodidades, hasta que adquiera esa sabiduría y comprensión equilibrada que no reacciona ni ante la comodidad ni ante la incomodidad, sino que mira más allá de ambas.

* * *

El «Antiguo Deber» con el que suele concluir la Ceremonia se explica por sí mismo y no es necesario examinarlo aquí. Estrictamente no es un factor integral de la Ceremonia, de la que difiere tanto en método como en lenguaje. La Ceremonia propiamente dicha está «velada de alegoría» y contiene frases crípticas y alusiones subterráneas a cada paso, mientras que el «Antiguo Deber» no tiene ningún significado ulterior. No es más que una simple homilía en la que se felicita al Candidato por su ingreso en la Orden y se le informa de algunas observancias que deberá cumplir.

Obviamente, el Deber recoge los consejos que antiguamente se daban a los jóvenes cuando se convertían en aprendices de los gremios operativos de la construcción, instándoles a ser buenos ciudadanos y a llevar una vida moral y útil. Pero como hoy en día se supone que los Candidatos a la masonería especulativa poseen estas cualificaciones antes de unirse al Oficio, el Deber sólo tiene interés como perpetuación de una antigua costumbre de los gremios comerciales al admitir a un aprendiz como miembro.

CONCLUSIÓN

Resumiendo este examen de la Ceremonia, vemos que su propósito es el siguiente. La primera mitad está destinada a devolver a la Luz (en el sentido espiritual ya explicado) al Candidato que busca la Luz de corazón y viene preparado en mente y persona para recibirla. La segunda mitad, complementaria, está destinada a enseñar al que ha sido llevado a esa Luz, cómo retenerla y aumentarla, de modo que nunca pueda recaer en su anterior oscuridad.

Al ser iniciado, al Candidato se le concede un primer vislumbre de la Luz supranatural, pero sólo un primer vislumbre; depende de sí mismo demostrar que es digno de ella y ampliar ese vislumbre temporal en una visión más amplia y permanente.

La Ceremonia dramatiza, en unos pocos episodios rápidos y palabras pregnantes, la etapa de «Aprendiz» de la vida espiritual; inculca que, con la creciente autopurificación y disciplina de su naturaleza material, la luz de ese Sol espiritual que arde y resplandece en su propio centro y que ahora ha aparecido por primera vez por encima de su horizonte consciente, se manifestará con un poder cada vez mayor. A medida que ese Sol se eleve más y más en su interior, sus propias tinieblas se disiparán, su materialismo se espiritualizará y su personalidad se transformará en un vaso translúcido. «Si tu ojo (alma) es único (simple y no adulterado por la pasión y las nociones erróneas), todo tu ser estará lleno de Luz».

Esa Luz le enseña a ver que el sustrato de todas las cosas es la Ley Divina, Ley que comprende aspectos físicos, morales y ultrafísicos, y en la cual se integran las raíces de su propio ser; y, por lo tanto, en la medida en que unifica su voluntad personal con la Voluntad Universal y armoniza su mente y conducta con su Prototipo Cósmico, debe convertirse necesariamente en una expresión más perfecta de ellas y en un colaborador consciente de las mismas. Y porque el Amor es el cumplimiento de la Ley, se le ordena cultivar esa ilimitada caridad y compasión hacia todos los seres que soporta, cree, espera y aguanta todas las cosas, porque comprende la operación de esa Ley y ve claramente el fin al que nos está dando forma. *Tout aimer, c'est tout comprendre.*

La etapa de Aprendiz de la masonería es, por lo tanto, una de purificación, educación y autocontrol, que cada Hermano debe trabajar y vivir por sí mismo. Ningún conocimiento de libros o instrucción de otros puede enseñarle lo que sólo puede aprender de su propia experiencia y esfuerzo. Incluso estas notas, por extensas que sean, no son más que un prefacio elemental a aspectos mucho más profundos de la Iniciación de los que se puede hablar abiertamente, pero que cualquier aspirante ardiente puede llegar a aprender a medida que avanza. Decir las verdades más completas sobre el tema asustaría y desalentaría en lugar de iluminar y ayudar; y por esta razón la ciencia es y siempre fue velada y secreta.

Se puede añadir un consejo útil que el Candidato debe observar si desea progresar. Nunca mida lo que encuentra dentro de la Logia por sus propias opiniones o por el mismo estándar de juicio que aplica a las cosas fuera de ella.

Muchos Hermanos se equivocan aquí por falta de humildad y de capacidad de enseñar. Tratan de mirar los asuntos de la vida interior con los mismos ojos que los de la vida exterior. Reservan sus ideas de la masonería hasta ver hasta qué punto pueden cuadrarlas con otros puntos de vista y creencias que tienen, y tratan de aplicar su sabiduría mundana a una sabiduría que está oculta y no es de este mundo, y su «sentido común» a un tema que requiere una educación especial y el uso de un sentido que en el estado actual de la evolución humana está lejos de ser común. Pero las cosas espirituales deben ser discernidas espiritualmente y no desde el punto de vista de la opinión no ilustrada y la percepción no espiritual.

El que entra en la Logia en busca de la Luz debe dejar atrás todo su aprendizaje anterior con sus vestiduras y descalzarse de sus pies. Debe pensar en sí mismo como un niño, y como si fuera llevado a un mundo de nuevas vistas y sonidos, y donde se obtienen nuevas ideas e incluso una lógica diferente de aquellas con las que ha estado familiarizado previamente, y donde debe comenzar a reformular sus ideas y su vida. ¿Permitirá su orgullo que se embrutezca hasta este punto?

Si no lo hace, continuará oscureciendo su propia luz y el Oficio no podrá enseñarle nada de valor, cualquiera que sea el rango titular que pueda alcanzar en él. Si lo hace, entonces puede esperar convertirse en un Iniciado, tanto en el hecho como en el nombre, y encontrar que sus ojos se abren a profundidades más allá de la profundidad de la verdad, de la que actualmente es inconsciente.

En los Misterios de antaño se hablaba siempre del Candidato, a causa de su nuevo nacimiento en la Luz, como de un «niño» o un «niño pequeño», y en el Volumen Sagrado que forma el principal libro de texto de nuestra ciencia encontramos con cuánta frecuencia, y por la misma razón, se emplean expresiones tales como «el joven» y «los niños pequeños».

No concuerda mucho con el temperamento mental moderno dejar de lado todo el conocimiento y las ideas preconcebidas y reducirse a la docilidad, la ingenuidad y la determinación de la infancia. Sin embargo, estas cualidades siguen siendo indispensables para el Candidato a la Sabiduría, y todavía no son los eruditos, los críticos y los sabios de palabra, sino los «niños pequeños» a quienes se les permite venir a la Luz y no se les prohíbe encontrarla, porque de ellos son tanto el Reino de los Cielos como el Arte de la masonería que está diseñado para conducir a ese Reino.

Nota sobre el frontispicio

La imagen que constituye el frontispicio de estas páginas no sólo representa el Signo del Silencio, sino que es una ilustración simbólica de alguien que ha alcanzado la Iniciación y la Iluminación completas.

El embellecido diseño arqueado que enmarca la figura se conoce como *Vesica Piscis*. «Esta misteriosa figura (dice el Dr. Oliver, la conocida autoridad masónica) poseyó una influencia ilimitada en los detalles de la arquitectura sagrada, y constituyó el gran y perdurable secreto de nuestros antiguos hermanos». Formaba la base geométrica de las grandes catedrales cristianas, y era el símbolo en forma de matriz de la Iniciación y de los Candidatos que de este modo eran llevados al renacimiento espiritual.

La aureola o *imbus* solar alrededor de la cabeza tipifica el logro de la conciencia espiritual del Candidato; el «Sol» en el centro de su sistema personal se ha elevado plenamente por encima de su horizonte mental y ha iluminado su mente.

Su vestimenta, una túnica interior blanca coronada por un manto negro, tipifica la separación de la luz y las tinieblas en él mismo. La oscuridad de su mente y naturaleza externas se disipa por la luz y la pureza del alma interior. Este es el resultado de haber seguido el camino secreto de la Iniciación, al que se asocia el Signo del Silencio o Signo del Niño.

El Signo del Silencio

Este era antiguamente el primer signo impartido y utilizado por cada Candidato a los Misterios. Los egipcios lo llamaban el Signo de Horos y los griegos el Signo de Hipócrates, es decir, *Har* el niño; «el niño» era el título dado al nuevo *Initado*. Como muestra la ilustración anterior (del Museo de San Marcos de Florencia), el signo pasó a ser utilizado por los iniciados cristianos.

«Oír, Ver, Guardar Silencio» es el Lema de la Gran Logia Unida de Inglaterra.

Esta obra clásica masónica de
W. L. WILMSHURST
se terminó de componer
en las colecciones
de la editorial
MASONICA
el día 11 de
febrero
del año
2024.